AF435452

ما بين القلب والعقل

نبض القمة للترجمة

جمهورية مصر العربية ــ القاهرة

مدير الدار: أ/ وليد عاطف حسني

موبايل: 01116058384

الميل: nabdalqima@gmail.com

ما بين القلب والعقل

مريم توبة

إهداء

إلى صابرين نبيل

المرأة المليئة بالقوة، التي وهبت عمرها لأجلنا.

أمي التي جعلت نفسها أبًا وأمًا وعائلة وسكنًا ومسكنًا.

إليكِ يا حبيبتي كُل الحُب الذي لا يُكتب ولا يُحكى؛ فأنتِ الشمعة المقدسة التي تضيء لنا الحياة.

وإلى ندى تؤام روحي

لم أحُب أحد مثلكِ، ولم يُقارن بكِ شخص على وجه الأرض؛ فأنتِ تمتلكين نصف قلبي وروحي.

إليكِ كل الحُب والحنان الذي يتصف به قلبك النقي.

شُكر وامتنان

لأصدقائي الذين دعموني بحب، وآمنوا بي بقلبٍ صادق.

إلى أروى رجائي

صديقتي المخلصة التي بذلت معي مجهودًا بكل حب وإخلاص.

إلى من أنسج منه الدفء، لمن بدونه لم يكن العالم مكانًا صالحًا للعيش فيه.

"إن كنت تبحث عن قراءة ممتعة فعليك أن تستمع لأم كلثوم
بجانب أحرفي"

(رسائل لم تصل بعد)

إليك يا عزيزي...

ها أنا أجلس وحدي في حجرتي، أمسك بقلمي وأكتب لك بقلبي اللعين الذي ولد على حبك، يراودني شعاع من الشمس من تلك النافذة، فيزيد من دمع عيني

أحببتك بكبريائك وصمتك ومزاجيتك، وغضبك الذي لا يبلغه تفسير وقلة أحاديثك وتجاهلك بلا تبرير، أراهنك بكل ما بي من قوة بأن قلبي أحبك، ولا يوجد قلب يحبك بهذا القدر من العمق الذي أحببتك به، ولكن أنت ماذا رأيت منك في المقابل؟

هجرتني بلا سبب، فارقتني بلا وداع، تركتني بكل قسوةٍ، عالقة في أفكاري، وعلى الرغم من ذلك أشعر أنني لا أريد سوى أن ألقاك وأختبئ بداخلك؛ أريدك بطريقة أعمق مما تظن، أيها الغائب رفقًا بما تبقى مني؛ فإنني مجرد إمرأة عاشقة لا يمكنها أبدًا التخلي عن حبك.

لا أعلم كيف أبدو عندما يأتي اليوم الذي أراكَ فيه، أشعر أنني سأبدو كالملهوفة على شربة ماءٍ، بأن قلبي سينتفضُ عشقًا، وجسدي ينتفض شوقًا، وعقلي يصل إلى حد الهوس.

فكل شوقٍ احتفظتُ به يؤدي إلى حد العناق بك.

يا لها من أحلام تراها عيني، فعندما استيقظت من الغيامة انهارت عيني بكاءًا، وانهار قلبي خشيّ عشقًا، أسأل نفسي؛ كيف لقلبي أن لا يكرهك؟

جئتني اليوم في منامي، كنت أهرول إليك باكية فاحتضنت أدمعي برفق، اطمأن قلبي وفرحت كفرحة طفل يعود إلى حضن أبيه، ثم أفاق عقلي من حلمه بك.

متى ستنتهي أحلامي بك؟

متى سيتركني طيفك الذي يراودني؟

يجعلني أركض لأشم عطرك في ثيابي وثنايا روحي، وأقسم لك بإني أراك كل يوم، يراسلني طيفك فأخبره سلامي مع كل دمعة نزلت من عيني اشتياقًا؛ كجمرة أنت تقع على قلبي فيحترق.

فكيف يحق لك أن ترحل وأنت تعلم أن روحي ترتجف بدونك؟

أتذكر عندما التقيت بك، وكنت أحادثك كم أنت رجل نادر الوجود في عيني، ولكن لو نظرت لك بعين العقل لوجدت فيك كل غدر وهجر.

كيف تفيض عيناي فرحًا عندما ألتقي بعيناك؟

وكيف أصيب فؤادي عشقًا بك؟

أمسك يداك وأقول لك أنت الأمان، والأمان أنت، أنيسي في أشد حزني.

كم أحب كلماتك ونبرتك التي تجعلني أكف عن البكاء؟

نظرت إليّ وقبل أن تتفوه بشيءٍ جاء صوت "الست" يعلو.

(وعمري ما أشكي من حُبك مهما غرامك لوعني).

حدثتني قائلًا:

_ماذا لو قُدِّر وافترقنا؟

تنهدت في ثبات شديد؛ شعرتُ وكأن بداخلي غصة وألف كلمة.

أجبتُكَ قائلة:

_ستظل مغمورًا في قلبي، ساكنًا في روحي؛ وهبت روحي لك...

لا أعلم كيف عشقتك لهذا الحد يا عزيزي؟

ولكنني أعلم أنني لم أحب سواك، ربيتُ قلبي على حبك، لو مال عن هواك لنزعته؛ فعن حبك لا يتوب فأني أقول قائلة على وشك أن أعبده، فقد صار جزءًا من فؤادي في الصميم، والقلب من نعيمك وودك يحتسي.

جاءت أم كلثوم مرة ثانية

(كله في حُبك يهون وحشني وأنت قصاد عيني، وشغلني وأنت بعيد عني).

(انفطر قلبي
بفراقك)

"يا حُب غالي مبينتهيش؛ يا أحلي غنوة سمعها قلبي متنسييش"

أما عنه فقد جاء على هيئة ملاك من السماء ينتشلني من مُر سنواتٍ عُجاف؛ يمتلك قلبًا قادرًا أن يتسع لكل ما بي.

كنتُ أرتدي فستاني الوردي، أتفقد وجهي أمام المرأة، أنظر لعيناي وأتذكر حديثه:

_لا تقولي هكذا مرة ثانية؛ فأنا أعتدتُ على النظر لتلك العيون الواسعة التي تميل للون البحر، وذلك الشعر البني كالحرير.

لمس وجهي وهو يتحدث بحُب:

_الخدين الوردين أعتدتُ لمسهُن، أم عن قلبي يا حبيبتي فأنتِ دفئه وراحته.

كنتُ أتفقد أيضًا منزلنا، كم تشاركنا أفلامًا كثيرة، لم يكُن هو من عُشاق الأفلام، لكنه كان يعشق مداعبتي له حينها.

ذهبتُ خطوات لتلك الأريكة.. رأيته جالس يبكي، اقتربتُ منه ثم لمست وجهه:

_أيبكي عزيزي لأجلي؟

حقًا رزقني الله برجل يمتلك قلبًا وروحًا بهذا الحنان.

_أريدُ أن أنتزع عنكِ ذلك المرض، لا أتحمل رؤيتكِ تتألمين، بل أريد أن أحرقه حتى لا يعود أبدًا؛ فأنتِ لا تعلمين ما هو قَدر حُبي لكِ؟

يحُب يونس ليلى ذلك الحُب المتسلل بين ضلوعه، وإن غابت عنه ليلته، اقتربت منه والدموع تملئ عيناي ثم أجبته:

_تمزقت ضلوعه.

إليك يا حبيب فؤادي، لا يُحُق لك أن تحزن لفراقي، فأنا سوف أكون بين يد الله الرحيم، أكتبُ لكَ وأنا أعلم إنني سأرحل قريبًا؛ إنني كنتُ في رحلة عصيبة مع ذلك المرض اللعين، ولكن في الوقت ذاته كان له ذلك الفضل بأنني أستشُعر حُبك وقُربكَ يومًا بعد يومٍ.

لا تنساني يا عزيزي.

كان يقرأ وينتفض قلبه ألمًا، وتبكي عيناه بحرقة، ثم تمتم قائلًا:

_تمزقت أضلعي يا عزيزتي.

(زواج قاصر)

التفتُ هنا وهناك، أركض سريعًا فتصدمُني حوائط المكان، وكأنني بداخل سجن وضعتُ فيه.

جثوتُ على ركبتي أبكي وأنادي قائلة:

-أبي.. أبي.

طفلة صغيرة في العاشرة من عمرها تستيقظ في الصباح؛ لتجد نفسها في سجنٍ... لم تَعش الطفولة التي تحلم بها كُل طفلة في عُمرها.

أتذكر حينها أبي عندما أخذني بعيدًا عن منزلنا وأحضر لي الحلوى، كانت هذه المرة الأولى التي أشُعر فيها بحنانه، ولكنني أعترف إنني كنتُ طفلة ساذجة حتى اعتقدتُ أن من الممكن أن يحُبني أبي يومًا؛ أخذني في منزل كبير وعريق له بوابة ضخمة.

حتى أشار بأصابعه على ذلك الرجل العجوز الذي يبلغ من العُمر خمسين عام وقال:

_هذا زوجك

_زوجي؟؟!

_ماذا تعني كلمة "زوجي"؟!

ارتعبتُ من نظراته حتى أني ركضت اختبئ خلف أبي؛ سحبني ذلك الرجل من يدي بقوة، وأنا أبكي بحرقة، وأبي يبتعد عن نظري، توقف بكائي خوفًا من صوته وهو يصرخ بي، إن لم أصمت سيعاقبني.

حاولت التحدُث معه والدموع تسيل من عيناي رغمًا عني.

_أريُد لعُبتي، أريُد حجرتي وأصدقائي، لِمَا أنا هُنا؟!

كان رده قاسيٍ، نزل على قلبي كالصاعقة.

_ باعكِ أباكِ لي مقابل المال.

ثم نظر لي بحدة وبصوتٍ عالٍ أكمل قائلًا:

_ لم يحُبك حتى تبكين عليه، حتى إنه لم يشفق عليكِ كصغيرته.

لم أدُرك حينها حديثه، ولكن أتذكر إنه كان مُحزن؛ حتى ترك لي ندبة طوال عُمري.

مضى الكثير أصبحتُ كبيرة بما يكفي، فصار حُزني عبارة على هيئة مشاهد تُعاد كل ليلة، أخشى ما هو قادم فأنا مررت بحرب داخلية بدمار هائل قد تمر، ولكن أثارها ستبقى بداخلي، وكأنها علةٌ تُزيد وجع قلبي، تشكي روحِي من حُزن يؤرقها، وما بي غير شوقٍ لأيام لم تأتي بعد، شوقٌ لا يُداوى، وكأنه أشبه بالموت مائة ألف تنهيدةٍ ورجفةٍ في كل ليلة تمر بعُمري!

والآن أتساءل..

-ألم تكُن هذه جريمة لابُد من مُعاقبة مُرتكبها؟!

- فمن يحق له قتل طفلة بريئة لم ترَ شيئًا من الحياة بعد؟!

- من الذي أعطاه حق دفني حية؟!

(ذكريات الماضي يمحيها مستقبل مخيف)

أجلس بمفردي في حجرتي المليئة برائحة القهوة وصوت الست يؤنسني نظاراتي التي لا تفارق وجهي، وساعتي التي لا تفارق يدي، أحتفظ بالقليل الباقي من الأوراق، أكتبُ بذاك قلم الحبر الذي لا يتبقَ منه إلا القليل وينتهي، وتنتهي معه رحلتي.

يدخل حفيدي "زين" كل صباح ويجلس معي، ويروي لي عن العالم الذي ليس لي صلة به ويقول نفس جملته التي اعتادتُ عليها:

_ ما أجملك يا جدي كلما آتي إلى حجرتك، أشُعر وكأني بداخل تراث من قديم الزمن، وكأنني في عالم آخر غير عالمنا هذا.

فأجيبه محادثًا:

_ لا أعلم يا زين متى تحول العالم هكذا؟ ولكن حجرتي هي العالم الذي أفضل أن ينتهي عمري وأنا بداخلها.

وهنا نظر لي حفيدي بتمعن وقال:

_ ما الذي يُخيفك في الحياة يا جدي؟

استعجبتُ حينها لسؤاله وتوقفت للحظات أمام السؤال وتذكرتُ زوجتي عندما قالت لي قبل موتها، وقد أمسكت بيدي حينها، وجعلتني أقترب منها ثم قالت:

_ ما الذي تخافه يا عزيز قلبي؟

اقتربت لها قليلًا ولمستُ وجهها بأناملي:

_ فقدانك يا حبيبتي، أخاف ألا أجدك لأدفن رأسي بين أضلعكِ مختبئًا من قسوة هذا العالم بين أحضانك، أخاف أن أفتقد أنفاسك الدافئة التي تجعلني أريُد السكون بداخلكِ.

أخذني زين من ذكرياتي وهو يناديني:

_ جدي سالم.

فأجبته منتبهًا له:

_نعم يا عمر جدك، الآن يا زين لا يُخيفني سوى أن تمتلئ الأوراق الباقية، ولم أجد أوراق لأكتبُ بها، وأن ينتهي حبر قلمي فتنتهي معه حكايتي.

قال لي زين وهو يربت على يدي بحنو بالغ:

_لقد انتهى أمر تلك الأشياء لا يوجد سواها إلا هنا في حجرتك الأثرية يا جدي.

أعلم أن التكنولوجيا سيطرت على العالم؛ فأصبح العالم مُدمر بالنسبة لي، الآن أصبحت الروبوتات المدعومة بالذكاء الاصطناعي يمكنها القيام بمهام البشر أصبح لا وجود لنا.

وقد أخبرني حفيدي أن الآن يوجد منازل تسمى المنازل الذكية يتمكن الشخص من خلالها سيطرته في التعامل مع كل شيء من الآلات وما إلى ذلك، حتى يتعامل معها من خلال البلوتوث والإنترنت اللاسلكي.

مر أربعين عامًا من التطورات حتى صارت الحياة محطمة بدلًا من أن تكون نافعة، وقد كان كل شيء بمثابة خيالات روائية، والآن أصبحت سوداوية.

كان يشغل عقولنا في السنين الماضية قضية نهاية العالم مئات الأفلام والروايات والكتب والتحذيرات كانت تناقش قضية نهاية العالم سواء كان من منظورها العلمي أو الديني أو حتى من منظور الخيال، الآن فقد صار كل هذا حقيقيًا.

والآن أكتبُ لابني وحفيدي "زين".

جدك سالم

"_ عشتُ كثيرًا في هذه الدنيا يا زين مررتُ بالكثير في عمري، حتى شاهدتُ ما لم أكُن أتخيله في عمري هذا، وكأنني أعيش بداخل حلمًا أخاف عليك يا عزيزي من هذا العالم، لا أعلم إن كان سيوجد نيزك متربص؛ ليندفع بسرعة كبيرة ليرتطم بهذه الأرض.

هل ستكون نهاية هذا العالم هي حرب نووية أو تغير مناخي؟!

هل ستُحتل الأرض من الفضائيين؟

أتمنى أن تصحبك السلامة".

أوصيكَ..

دخل زين على جده؛ ليخبره عن اختراعه الذي يتحقق كان يُهلل بصوته وهو يفتح باب حجرته، نظر أمامه ليجد الكرسي الهزاز الذي يجلس عليه جده يهتز رويدًا رويدًا، فنظر إلى مكتبه ورأى مجموعة من الأوراق كُتب بها بخطٍ عريض دونت عليها عبارة بعنوان "وصيتي إليك يا زين"

كان يوجد بجانب الأوراق قلم جده الذي شح منه الحبر ونظاراته وساعته المتوقف عقربها مُنذ زمن.

أقترب "زين" من سرير جده قائلًا:

_ هيا يا روميو أستيقظ لقد ذلني الشوق لحواديتك عن جدتي.

ـأستيقظ يا جدي؛ هل أنا أحلم؟؟

هيا هيا يا سالم قم لنتحدث سويًا.

ـأتمزح معي يا سالم؟

كان يضحك وسط بكائه.

نعم أنت تمزح معي، هيا كفى مزاح أعلم أنك تريدُ أن ترى كم أنا أحُبك، أحُبك أقسم لك ليس لي سواك، أرجوك قلبي لا يتحمل فراقك، أتتركني؟! تتركني في الحياة بمفردي.

قرأ زين وصيه جده..

"أريُدك أن تحتفظ بأوراقي ولا تفرط بها أبدًا، فهي التي ستبقى كانت هي الرفيقة لي، أكمل اختراعك يا زين، فأنا أعلم جيدًا أنه سيتحقق؛ بالرغم من أني لم أكُن يومًا أحُب التكنولوجيا وذلك العالم، ولكني سأكون فخورًا بك؛ ستصنع المركبة التي ستسير بسرعة الضوء، وتسافر بها عبر الزمن.

"أوصيكَ يا حفيدي لا تحزن لفراقي؛ فأنا أحُبك حبًا جمًا"

(إمرأة عاشت خلف قضبان الْحُزن)

- تجلس، وتفكر مع نفسها وما يحدث لها من مرارة الأيام، ثم تأخذ بقلمها وإذ هو رفيقها الوحيد، وتكتُب:

ـألم يكفيكم ذلكَ!؟

فقد استنزفت روحي، ويضخ قلبي ألمًا.. ألم يكفي ذلك العمر المسلوب؟ الذي سُلب من هذه المرأة بكل جحود؟ ..متى إذًا يتوقف ذلك الصبر الذي لا حدود له.. أتعجب؟! أيتحمل إنسانٌ كل هذا الصبر؟ أتعجّبُ لأمرِ تلك المرأة القوية المليئة بالدفء والحنان، كيف لها أن تشبه الجبال هكذا ؟

- تعيش يومها المر كزبد البحر؛ بتلكَ الابتسامة، بهذا الحنان والصبر والرضا.

دخل عليها ثم نظر لها ، بعين شفقة وقال:

- ما الذي تكتبيهِ عزيزتي..؟

- كادت عزيزتك أن تفقد صوابها تماماً ..أشعر برجفة تمتلك جسدي، أستعجب كثيرًا لأمي كيف تحملت كل هذا الأسى والمُر ؟ مَر عمرها هكذا أمام عينيها.. دُفنَ بسلاسة !

أقترب منها قليلًا.. واحتضن كف يديها:

- هي إمرأة عظيمة.. رضَيت بأن يمر يومها على الصبر والمثابرة.

بماذا تَشعرين يا عزيزتي؟

ـ يتغَلغَل الحُزن بداخلي.

وقَفَتْ بجانب الشرفة وأكْمَلتْ حديثها:

ـ أيوجد بشر هكذا؟.. ذئاب بهيئة بشر أصبح قلبي يتأجج بقربهم.. تقبض أنفاسي بجوارهم.

-حبيبتي ..أهدئي

اقتربت منه قليلًا وانهارت بدموعها كثوران البركان:

_ وكيف لي أن أهدأ وتثور حرب بداخلي؟.. كيف؟ وعيناي تنغمس كل ليلة في البكاء؟

_ لماذا الدنيا كالحرب لا تقتل إلا الأبرياء؟

فإننا نعاملهم بالتي هي أحسن.. وهم يعاملونا بالتي هي أسوأ.

عانقته بشدة وقالت:

- اكتفت ملامحي من الصراخ؛ أهُلكت كثيرًا يا عزيزي.

- أتعلمين يا رفيقة روحي لا يهُن دمعكِ على قلبي ونفسي.. أنتِ من تهواها روحي وينفطر قلبي لحُزنك..

نظر إليها والدمع يملئ عيناه، وزادت ضمته لها ثم تمتم فأي أذنها: _تلقى سيد الخلق والمرسلين إيذاء كلام البشر حين اتهموه بما ليس فيه فبات في هذه الليلة مهموم، فأوحى إليه رب العزة جبريل يجبر خاطره..

- (وَلَقَدْ نَعْلَمُ أَنَّكَ يَضِيقُ صَدْرُكَ بِمَا يَقُولُونَ فَسَبِّحْ بِحَمْدِ رَبِّكَ وَكُنْ مِّنَ الساجدين واعبد رَبَّكَ حتى يَأْتِيَكَ اليقين)

***

- أطمئنِ إن الله بجانبك.

لَا تَدْرِي لَعَلَّ اللَّهَ يُحْدِثُ بَعْدَ ذَٰلِكَ أَمْرًا (1)

***

وفي الصباح عندما التقت بوالدتها:

- اشتقت إليكِ يا حبيبتي

ضمتني إليها بحُب قائلة:

_ أعلم إنكِ لستِ بخير، ولكن كل شيء سيمر يا عزيزتي .

قبلت يديْها :

- يا أمي أنتِ من حجبتِ عنا الحُزن وسكبتِ لنا الأمان والسكينة.

_ أحُبك كثيرًا، ولا أريد سوى أن أراكِ بخير.

- فما الحُب بجانبكِ يا عزيزة قلبي وروحي؛ فإنه ضئيل جدًّا تقديرًا لكِ فأنتِ عظيمة، راضية، مداوية، دافئة يكمن بداخلكِ ذاك الحُب الذي بداخلنا، فما الحُب إلا منكِ ولكِ يا حبيبتي الأولى والأخيرة وصديقتي مُنذ الصغر.

يا قبلةَ الروح.

(هُنا أنت)

-يغار عزيز قلبي حد الجنون.

أراه يلتزم الصمت حينها، وأشعر بفؤاده يلقى عذابًا..

وعيناه تُدمي الجفون..

وقلبه يئن فيجعل قلبي يشقى، فأتمنى أن أمحي ما حدث فخدش قلب عزيزي.

يختل عقلي إن رآه غاضبًا..

كلي هو

عذرًا فهو حبيب الروح؛ لو أخبأه في عيوني ما كفاني.

" الحُب كله حبيته فيك "

- تركْتُكَ مُنذُ بِضْع مِن الوقت، ولهيب الشوقِ يملأُ قلبي، وكأنَّ عناقُكَ خُلق منهُ الأمانُ، أنتَ أنيسُ روحي في أشدِّ حُزني.

فَعيناك جَعلتني أُغلقُ كل نوافذَ الحُزن وأكف عن البكاءِ.

- بِتَ تحمل قلبي في يد، وروحي في أخرى.

- أنشأت قلبي على حبك، لو مالَ قلبي عن هُواكَ نزعته، فَمن قال إنه عن حُبكَ يتوب؟!

فَأنا أقول أوشك أن أعبدُه.

قد صار جزءًا من فؤادي في الصميم، والقلب من نعيمكَ وودك يحتسي.

ليتَ العِناق يُرسل...لكنتُ أختبئ مِن وحشيةِ هذا العالم، وتسللت دُموعي بينَ أضلُعِك وهدأ عقلي المُشوش، واطمئن قلبيَ الحزينُ بإنه سَيمضي معكَ بأمان، لَكُنتُ أرسلتُ إليكَ حُزني في عِناق وفرحي في عِناقٍ آخر.

لَكنتُ سُعدت بِتمَزُّقِ أضلُعي بينَ أضلعِك وتمنيتُ بأن يقف العالم عند ذلك العناق .

وكأنه يُريد أن يجعل الحياة لي ملمسٌ من ديباج، يحيط بـ، ياله من حبيب! .

فَإذا نشد الرمَق إلي، أحل على قلبي السكينة، وإن لامسني بأنامله تلتئم جروحي.

نلثُ بعد صبرٍ، فجاء لينتشلني من سنواتٍ عجاف.

حتى الليل البهي شهِد عليّ وأنا أبتهل إلى ربي بصلاةٍ أرجو بها قربنا، ودعاء لنا لا أنفك عن ذكره:

(اللهم جمعًا لا فراق بعده، ووِدًا، والحُب قبله)

أسألك البقاء..

أخاف أن نفترق قليلاً..

وكيف يأتي الفراق بعد أن جئتك بقوتي ودولتي وهيبتي؛ لأفتح قلبك كفتح القدس والحرم، وأمسيت اليوم أسيرًا وأرفع رايات الاستسلام.

فكيف لك أن تصمت؟..

أتجمع الجراح بداخلي.. وكأنك تقبض أنفاسي.

أنا من تغمس عينيها لأجلكَ، فكيف تسلب ورودك وتترك لي شوكها.

الروح مقرون بالوتد

والليل عني قد شهد

أني اقسمت البقاء حينما

قرب الوداع وإن بعد.

الحُب يبعث بي إليكَ .. فأنا تلك الأميرة التي لا تُبصر إلا لكَ .

فَما الحُب إلا أنت يا عزيزي..

صار هواكَ مسكني، فلا تضَوَي حُبكَ عني، فَما ملجأ لي سواكَ؟

ولا مخبئ لي إلا دفاكَ.

- يا عزيزي..

وهبت لكَ قلب يداوي، وعين تتكحل برضاكَ...ويد تعينك في كل جزء بي لديكَ أنت يا حبيب فؤادي

أحزين أنت يا حبيب فؤادي؟

يا ليت الأحزان تتبخر من أجلك، وقلبي يتحدث بحُبك.

يخفق قلبي بكَ، أبصر لعيناك فأمشي بخطاكَ.

أبحث في عيناكَ عن لحن يداويني ويحيي فؤادي، فكيف لكَ أن تحزن؟

فأنت من انتشلت روحي الحزينة بالحب، جعلتني أرى الليالي الدافئة، جعلت قلبي يشعر بصفاء الأرض.

فكيف تبدو كالغارق في التفكير

وأنت عيناك تنسكب بالأمان؟

فإن شُغِلت عنك، نازعتني نفسي إليكَ.

فحُسنكَ مستقبض الضياء.

وها أنا الهائمة بكَ

أمطرت عيناكَ الحسناء لؤلؤ على خدي، فتمنى قلبي أن ينال مناكَ.

إني لا راجية منك إلا رضاك، والنفس مولعة بحُبك الواشم في قلبي الهوى.

يمتقع لوني إن غاب صوتكَ فهو لحني الساحر.. وكأن رنينك العذب يتمعن بين أجزائي.

يأسرني شوقي إليكَ، يا أجمل أحلامي، يا سَر البسمة في عمري، فيك الخِصال تجمعت بجمالٍ، قل لقلبك إنني أحُبه، رفقًا بقلبي لا تبتعد فشفاؤه في أن يراكَ ويسَمعك، فإنني مستوطنة أضلعك رغم المسافة، إنك فؤادي، شهابي الذي ينيرني.

هل أتاك صوت عشقي؟

هل أتاكَ أنين شوقي لكَ في كل حين؟

أراكَ أميرًا تبني بيتًا من الحنين.

أنسجُ منكَ دفئًا، يوقد شهاب قلبي المنطفئ.

حار نبضي في الهوى بين يديك.

خُذني إليك، وهبتني السماء ملاك تجعل دموعي تفيض من الفرح، مهلاً يا عزيزي فقد أصيب الفؤاد بالعشق.

لا أعلم إن كنت أنا من يكتب أم حُبك الذي في صميم قلبي هو الذي يجعلني أكتب؟

- هل تسمحِ لي بالتسللِ إلى أعماقِك؟

- أتسمحِ لي ببعضٍ من وقتك لأختبئ بداخلك أدفن رأسي بين أضلُعك ؟

أنا الآن حبيبك وزوجك المستقبلي قريبًا شئتِ أم أبيتِ .. أتعلمي ..
- أريد أن أقترب حتى أشعر بأنفاسكِ مثل هذه الكلمات التي أستشعرها لكِ، أظن بأنني فقدت صوابي وكل ما أفكر به وأريده هو السكون بداخلكِ.

أتعلمين؟! .. بأني أكاد أن أفقد عقلي تمامًا بمجرد رؤيتكِ .
أشعر برجفة تمتلك جسدي، حُبكِ تغَلغَل بين شراييني .
- عزيزتي فأنا كلما رأيتكِ اشتهيتُ تقبيل يديكِ فيا لكِ من حبيبك عظيمة ترغم روحي على ذلك.

أراكَ الآن بعيناي الخيالية، تجلس في أحد أركان البساتين على تلك الطاولة، وترتدي قميصكَ الأبيض الذي يجذبني كثيرًا، آتي إليكَ بقدحٍ من القهوة؛ فتلمس يدي بخفةٍ، فتمتلئ يدي بعطركَ الذي يجعل نبضات قلبي تتزايد.

أنظر لعيناك التي تجعلني مطمئنة.

يا لكَ من حبيبٍ مُحتال؟!

تلتقط وردة تُشبهك، وتُمررها بيديك داخل خصلات شعري وتتحدث قائلاً:

ـ أحُبكِ أميرتي.

وهنا يتسارع النبض داخل قلبي، وتستقر أنت بين ثناياه.

وعلى الجانب الآخر يجلس رجل وامرأة ربما يبلغان السبعون من العُمر، يتحدثان ويعلو صوتهما بدندنةٍ لأُمِ كلثوم:

"تايهين عاشقين مش حاسين العُمر ثواني ولا سنين"

وهنا تمسك بيدي ويعلو صوتك مكملًا لغنوتيهما الجميلة مرددًا بصوتك الجذاب:

" يا حبيبي يلا نعيش في عيون الليل ونقول للشمس تعالي تعالي بعد سنة مش قبل سنة"

تتوقف أعُين مخيلتي على هَذين العجوزين الممتلئين بالحُب،
أتذكرك حينها يا عزيزي، فأريُد أن يجمعني القدر بك يا عزيزي
فنجلس مثلهما ذات يومٍ، وأنا حينها سأحتضن يدكَ بتملك حتى
المشيب.

وأخيرًا أقول لكَ يا عزيز قلبي..

إن حُبك بقلبي هو شجرة الخُلد.

أتمنى أن تقصُر الأيام بدونكَ، وتطُول الأيام وأنت معي.

طاب العُمر بكَ، وطبت أنت لي عمرًا.

رغم خوفي الغريب من فكرة الزواج، إلا أن الفكرة الوحيدة التي سُترغمني على تلكَ الخطوة، أن يأتي لي ذلك القلب الذي أجد به البراح، الذي ألمحُ تلكَ اللمعة داخل عيناه تتطلع إليَّ، والتي لم تحمى أبدًا بمرور الأيام بيننا، ذلك الرجل الذي أتجه إليه مخطئة، فلم يهجرني.

"سأشتري رضا من يشتريني وأرضيه"

ـأقول لكَ يا عزيزي "بالروح والعين نشتريك"

ـ سأكون لكَ تلك الجميلة بشعرها المتسلسل.

ـ سأضمكَ في محنتك وأقول لكَ بطمأنينة "بعد المحنة تأتي المنحةُ من الخالق الذي لا ينسانا"..

ـسأتغازل بكَ وأقول لكَ:

"وكأنكَ قد خُلقت من تراب الجنة، سأهب روحي إليكَ يا عزيزي" وهنا لابد من تذكر أم كلثوم وهي تقول:

«حبيبي أنا مخلوق عشانك أنت، وقلبي عاش ع لمس حنانك»

ـسيكون هو الرجل الذي أعلن للعالم بأكمله بأنني أحُبه حبًا مطوقًا بالحب الإلهي..

سيكون هو من يسقي ضلوعي حبًا

"والله لن أتزوج إلا ذلك الرجل الذي ترضاه نفسي وعيني وقلبي".

(أسيرةً في ظلماتِ أفكاري)

في ظُلمةِ الليل

لا أعلمُ إن كانت ظُلمَتي أم كانَ الليلُ؟
أرى السوادَ يَسودُ في عينَايْ، وعَقلي يُهاجِمُني ويَنهشُ بي.

أشْعُر وكأنَّ روحي تتمزَّق،
أصبحتُ من سوادِ العالم أرى الدنيا كالضريرِ .
حجبتُ عينَ الفرحِ، وباتت عينُ الحُزن تنسكِبُ بالدَّمع.

فصَار.. السوادُ مستقْبِضُ الضِّياءُ.

أعبث الآن بقلمي على تلك الورقة ناصعة البياض، تركتُ العنان لمخيلتي أن تقود يدي لِتَخطَ بِضعَ خطوط.

عيناي معتمة، خطواتِي ثقيلة، أنظر في وجهي بتمعن، فلم أجدُ تعابير لملامحي البائسة المُهلكة؛ فقد بثُ أحمل ضجيج العالم في عقلي، وأصبح الأسى يجتاح روحِي.

أشُعر وكأن قلبي سيموت يومًا من كثرة الأيام التي أبتلع بها طعم المُر، تكاثرت الهموم والتراكمات حتى جعلت عقلي يشُعر وكأن هناك أشخاص به يريدون قتلي.

هم يصرخون بدون توقف، ويبكون بصوتٍ عالي، لا يوجد حرب قاسية على المرء مثل أفكاره.

فإنني ذات روح هشة إن اطلعت عليها؛ لبكيتَ دمًا من شدة الأسى عليها.

لم أكن يومًا ضعيفًا، فقدرتي على تصدي الخذلان، وعلى كسر الطموح، هم مَن جعلوني أتعايشُ مع ذلك القلب المَجروح؛ فتتوالى عليه الصفعات، وتصرخ عينايَ أنينٌ وأوجاعٌ وتصمدُ الرَّوح، فلمْ تكن هي القوة؟

تكُمنُ روحي في ظلمة الأكفان، وتفيض دموعي في سطر أرويهِ، تبًا لمن بَنوا تجاعيدَ الحُزنِ .

خزانُ الحُزن يضخُّ بداخلي الآلام.

ألهذا الحد عقلي سخيف؟

يلتمس أعذار لم تكن في الأصل موجودة لبشر، يجعلوه في مآسي

ومَن يُلئِمَ جروح قلبي؟

ما زلت أطوقهم؛ لأفتح لهم أبواب في الأصل هم من أغلقوها بقسوة.

أشَعر بالوهن قد أصاب قلبي، وبأن الكون ينهار من تحت قدمي.

عادت روحي دامسة في ليل كاجِل، وعاد قلبي يستأنس به.

والآن أدركتُ أن ذلك القلب المنعم بالحُب لا يمكنه العيش في وسط قلوب مليئة بالقهر.

أريد أن تترمم ذاتي.

مرحبًا:

ها أنا أمسك بقلمي وأكَتبُ بقلبي الممزق، أود أن أعترف بأنني خاشية بأن ينكشف ذلك الفشل الذي تراه بعيناي، ولا يمكنني البوح به.

لم أخشَ من هؤلاء البشر، ولكن من عيناي التي باتت تبكي، وتأخذ جزءًا من روحي وقلبي الذي يتمزق.

لم يشهد آلامك يومًا بشر، ستشهد روحك فقط؛ حتى تلك اللحظة التي تتجمد بها الدموع في عينيكَ وأنين روحكَ ولن تستطيع أن توقفهما عن البوح أمام أحد، وكأنهم يتحدثون بصمت رغمًا عنكَ، حتى وإن لم تود أنت ذلك.

إلي من يصل له شُعوري؛ ليس لمن يقرأ مجرد حروفٍ فقط.

أتدري يا عزيزي ..
أشُعر أنني أقف على حافة السقوط؛ لا أرى سوى يد الحُزن تسحبني؛ وكأنني هَزيلة.

وكأن كل ما مررت به قد غزا بداخلي آلامًا تُريد أن تتفجر كقنبلةٍ، ستتفجر بعد ثوانٍ معدودة، وسآخذ نفسًا عميقًا، وأشتهي شُعور الشغف.

ـ لا أعلم يا عزيزي

إن كان يوجد شيئًا في الحياة لنحلو به مرة أخرى، أم لا تستحق أن نشتهي بها شيئًا.

لا أدري إجابة ذلك السؤال ..
لم أشعر يومًا بحلوها ..

لم تستنشق خلايا جسدي أيضًا ذلك الشُعور؛ فأنا من أخذت مُرها فقط.

- والآن يا عزيزي..

انزرفت عيني بالدموع حتى اغرورقت، وانهال قلبي كحجارةٍ من سجيل.

لعنةُ الخذلان

للحظةٍ ما.. أتمنى أنّ أشياءً كثيرةً تدورُ من حولي، أن تصبح حلمًا أو كابوسًا أو أن أتخلص منها ..

لا أحد يُشفى من الخذلانِ، ولكنّي يا صديقي أعرفُ جيدًا مرارة الخذلان.

- كيفَ يكونُ الخذلان بالنسبةِ لك؟..

- الخذلان.. حينَ تكونُ مضطرًا للدفاعِ عن نفسك أمام من تظنُّه يعرفُك جيدًا!.

- الخذلان من الحياةِ، الخذلان من الأصدقاءِ، والخذلان من الأهلِ أيضًا

- الخذلان يا صديقي يكمن عندما تريدُ أن تتحدثَ؛ فتبكي!

لا تعلمْ أنتَ يا صديقي بلعنةِ الخذلان!

لا تعلم كيف تبكي من أعماقِ روحُك.

شعورٌ مؤلمٌ أن تنامَ كلَّ ليلةٍ وفي عينيْك حزنٌ لا يراهُ أحدْ، وفي صدْرِك كلام لا يسمعهُ أحد!

أتعلم يا صديقي ماذا يعني أن تبكي لأيامٍ لن تأتي مرة أخرى؟

ولم تعرف يومًا أن تعود إليها.

تبكي شوقًا لأيامٍ تتمناها وتتمنى شُعورها.

أتذكر يا صديقي أنني كنت بحفلٍ للأطفالِ فكان به طفل صغير تتجمَّع البراءة في ملامحُه، سألته قائلة:

_ لماذا تبكي هكذا يا صغيري؟

أجابني قائلًا:

_ قلتُ لهذا الساحر أخرِج أبي من هذا الصندوقَ وهو لم يخرِجْه، أنني لم أرى أبي منذُ أن وُلدتُ، اشتقت كثيرًا لقولي لأحدِهم يا أبي، ثم أشارَ بإصبعِه وقال لي:

ها هي أمي، أعلم أنها تحتاج كثيرًا أن تبكي، وتحتاجُ كثيرًا إلى أبي، ولكنها قوية مثلَ الأسد لا تبكي، فقط تحتضِننا، أعلم أنها خُذلت من العالم حقًا، ولكنُّها دائمًا تصمُت.

بكيتُ وسألتَه:

_ كم عمركَ يا صغيري لكل هذا العقل والإحساسَ والفهم؟

قال لي:

_ أنا في الثالثةِ عشر من عمري، ولكنها يا سيدتي ليست بالعمرِ، ولكن بما يحدُث في العمر، فكم من هم في عمرِ الخمسين سنةٍ ولا يعرفون ما هي الحياةُ، وما هي تعبُها؟ ولا يعلمون معنى الخذلان، وكم من في مثل عمري يعلمون ما هي مرارة الأيام؟!

ولكن يا سيدتي أنا أنتظر عندما أكون زوجًا، وسأكون أبًا وحبيبًا وابنًا، شابًا يتحمل المسئوليةُ لأمي..!

- والآن فهمت يا صديقي ما هي مرارة ولعنةُ الخَذلان.

لربما نلتقي يا أبي في السماء.

شاكية لكَ من أرضٍ مليئة بجفاف الحُب، وخالية من السلام، شاكية من بشر هم السبب ليكمن الحُزن بداخلي.. جعلت قلبي ينبض وجعًا، وروحي تنزف ألمًا، سأتمسك بكفك الذي لم ألمسه من قبل، وأضع كفكَ على قلبي، وأشكو لكَ كم من الألم الذي يسكن صميم قلبي كل ليلة.

لربما يلتقي وجهي بوجهك للمرة الأولى ويُمحي الحُزن المعتاد من داخلي.

أنتظر لقاؤك في السماء.

صار العالم مأساوي للحد الذي لا حد له، بات الخوف يمتلكني من هذا العالم، كأنه هو الشبح الأقبح الذي يلاحقني دائمًا، كأنه امتلك عقلي وجسدي، حتى أصبح بداخلي وكأنه شعور قاتل ينهش في عقلي.

"تمت"

وفي النهاية أتمنى أن يكون قلمي الثائر أفصح عما بداخلكم.

الفهرس